(1742-1761)

JOURNAL MILITAIRE

DU

CHEVALIER DE LUCHET

OFFICIER AU RÉGIMENT DE BEAUVOISIS

PUBLIÉ ET ANNOTÉ

PAR

ÉMILE BIAIS

ARCHIVISTE DE LA VILLE D'ANGOULÊME
CORRESPONDANT DU MINISTÈRE DES BEAUX-ARTS
CONSERVATEUR DU MUSÉE ARCHÉOLOGIQUE
EX-OFFICIER AU 94ᵉ RÉGᵗ TER. D'INFANTERIE

———⊙———

ANGOULÊME

IMPRIMERIE G. CHASSEIGNAC

REMPART DESAIX, 26

———

M DCCC XC

$(1742-1761)$

JOURNAL MILITAIRE

DU

CHEVALIER DE LUCHET

OFFICIER AU RÉGIMENT DE BEAUVOISIS

PUBLIÉ ET ANNOTÉ

PAR

ÉMILE BIAIS

ARCHIVISTE DE LA VILLE D'ANGOULÊME
CORRESPONDANT DU MINISTÈRE DES BEAUX-ARTS
CONSERVATEUR DU MUSÉE ARCHÉOLOGIQUE

———·❦·———

ANGOULÊME

IMPRIMERIE G. CHASSEIGNAC

REMPART DESAIX, 26

M DCCC XC

Extrait du *Bulletin de la Société archéologique et historique de la Charente*, année 1889.

———

TIRAGE A 110 EXEMPLAIRES

(100 sur papier vélin et 10 sur papier de Hollande).

(1742-1761)

JOURNAL MILITAIRE

DU

CHEVALIER DE LUCHET

OFFICIER AU RÉGIMENT DE BEAUVOISIS

L E Journal militaire ci-après a été littéralement rédigé par « M. le chevalier de Luchet ». Son manuscrit original (1) comprend 41 feuillets d'un registre in-12

(1) Ce document m'a été donné par mon excellent ami M. Joseph Castaigne, ancien Président de la Société archéologique et historique de la Charente ; je lui en renouvelle avec plaisir mes remerciements.

En 1887, M. le ministre de la guerre chargea l'état-major général de rédiger l'histoire complète de la carrière des ministres de la guerre depuis Richelieu jusqu'à nos jours, en réunissant toutes les pièces intéressantes concernant leur vie politique et militaire, ainsi que l'organisation de l'armée, l'origine de ses institutions, etc., et prescrivit dans les archives municipales des recherches méthodiques qui furent faites pendant le premier trimestre de 1888. M. René Bouquero, alors lieutenant breveté au 107ᵉ de ligne, aujourd'hui capitaine au même régiment, aide de camp du Général commandant la 46ᵉ brigade d'infanterie (quartier général à Angoulême), est l'un des officiers qui furent chargés de cette mission à Angoulême. M. Bouquero, qui est aussi l'un de nos plus distingués confrères à la Société archéologique et historique de la Charente, a signalé à M. le ministre, entre autres « pièces intéressantes », ledit journal du chevalier de Luchet.

A la suite de son travail de recherches actives et fructueuses, M. le capitaine Bouquero a reçu une lettre de félicitation du ministre de la guerre.

cartonné et recouvert en parchemin. Sur la couverture, l'auteur a écrit : « *Recueil de tous les Endroits où iai* « passé depuis que ie suis au service et des camp *(sic)* « et des siège *(sic)* que le rég¹ a faits, insi *(sic)* que « des batailles où il s'est trouvé. »

Dans ses brèves relations, énoncées avec une sincérité évidente, le chevalier de Luchet a été très sobre de renseignements autobiographiques ; il y a désigné seulement son lieu de résidence : Luchet (1), et son régiment par cette simple indication : « (1742.... le « régiment avoit passé son yver au ordre *(sic)* de M^r le « compte de Lavauguion, notre colonel). » Or, le comte de La Vauguyon, à cette époque-là, commandait le régiment de Beauvoisis-Infanterie (2). Nous voilà donc fixés sur ces deux points.

M. de Luchet a déterminé par un mot et une date les marches, étapes et haltes de son régiment, sans cesse tenu en alerte durant une longue période de vingt années ; il a rappelé succinctement les faits d'armes et les sièges multiples auxquels il a pris part pendant la « guerre de la succession d'Autriche » et la « guerre

(1) Luchet, commune de Criteuil, canton de Segonzac, arrondissement de Cognac (Charente).

(2) « Antoine-Paul-Jacques de Quélen de Stuer de Caussade, duc de La Vauguyon en Agénois et Condomois (etc.)..., est né le 17 janvier 1706 ; a été d'abord appelé *Marquis de Saint-Mégrin*, puis comte de La Vauguyon, fait colonel du régiment de Beauvoisis-Infanterie, 25 novembre 1734 ; — brigadier 20 février 1743 ; — l'un des Ménins de Mgr le Dauphin en février 1745 ; — maréchal de camp 1er mai suivant ; — gouverneur de Dourlens, en Picardie, 14 novembre 1747 ; — lieutenant-général des armées, 10 mai 1748 ; — gouverneur de Coignac, en échange de Dourlens, 6 juin 1750 ; — nommé Chevalier des Ordres, 1er janvier 1753 ; — reçu 2 février suivant gouverneur de la personne de Mgr le duc de Bourgogne, en se démettant de la place de Ménin, 2 avril 1758 ; — a été créé duc de La Vauguyon et pair de France en août même année et reçu au Parlement comme Pair 11 janvier 1759. » (*L'Europe vivante et mourante* ou *Tableau annuel des principales Cours de l'Europe*. M. DCC. LIX. Bruxelles. *In tenuitate copia.*)

de Sept ans », jusqu'aux événements qui précédèrent le
« pacte de Famille ».

Il parle discrètement de la blessure qu'il reçut à la
jambe gauche, en 1746, à la bataille de Rocoux, et,
par une petite note, fait entendre qu'il devint capitaine
audit régiment de Beauvoisis (1).

On sait qu'au siècle dernier la vénalité des charges
(vénalité, nul ne l'ignore, qui n'a pas été particulière
à cette époque) avait peuplé la France d'un monde de
petits anoblis à prix d'argent, rogues, avides et re-
muants personnages restés quand même épais bourgeois
comme devant, ou qui, pour s'être parés d'un nom de

---

(1) « 1746... quelque iour après notre arrivée, ayant reçu nos ordres
pour la levée de notre segond bataillons *(sic)*, ien parti le 19 Xbre,
quoique ma blessure ne fût point encore guérie, pour aller chez mon
père lever ma compie... »

Je ne sais si ce « chevalier » était parent du marquis de Luchet,
auteur d'écrits galants et d'un « *Essai sur les illuminés* », 1789,
in-8o. — Vers 1775 (et années suivantes), un abbé de Luchet, archi-
diacre et chanoine de la cathédrale de Saintes, était vicaire général
du diocèse de cette même ville. — Un M. Bernard de Luchet a été
propriétaire de la « salle de spectacle » ou de « la Comédie », d'Angoulême, bâtie par M. Glace l'aîné en 1779-1780. — Un autre, M. François Bernard de Luchet, qui se qualifiait « chevalier » (fils ou neveu
du précédent), s'est distingué par des excentricités épistolaires en
1839 : « *Avis et appel au beau sexe* » (28 février. — Imp. typ.);
« *Lettre à M. le Préfet de la Charente* » (1er mars. — Imp. typ.);
« *Réplique à M. le Préfet de la Charente* » (2 mars. — Imp. typ.);
« *Avis aux Dames veuves et aux Demoiselles pieuses huguenotes
aux Sts Frusquins tout à fait absents, mais dédommagées par la
naissance, par une bonne éducation, par beaucoup de bonnes qualités et des talens* » (26 avril, aut.).

En compulsant les minutes de Me Roy, notaire à Criteuil, j'ai relevé
les noms et qualités d'un personnage de considération, voisin de
M. de Luchet : « messire François de Plas, brigadier des armées du
Roy et capitaine de ses vaisseaux, seigneur de la terre de Lignières
et Laugerie, demeurant en son chasteau de Lignières, paroisse dudit
lieu. » (Échange entre M. le chevalier de Plas et Hélie et autre Hélie
Grimaud père et fils, du 24 mars 1770. — *Archives départementales
de la Charente.)*

terre (1), « puisqu'un beau nom ne coûte pas plus qu'un autre », suivant la réflexion malicieuse de Scarron (2), s'efforçaient de singer la vraie noblesse, la grande noblesse de race, qui les dominait de sa valeur d'origine, de toute sa hauteur antique et solennelle, cette noblesse qui a vraiment de la surface et de la « cocarde ».

Les fils de ces « bourgeois-gentilshommes » vivaient maigrement, d'ordinaire, dans leur province et s'y jugeaient à l'étroit. Pour se mettre en relief, ils sollicitaient un commandement militaire dont ils étaient pourvus tout ignorants qu'ils fussent des gens et des choses de l'armée (3).

L'histoire a retracé le caractère frivole, présomptueux des « talons rouges » et les prétentions des Gros-Jeans acquéreurs d'une « savonnette à vilain », mais elle dit aussi que chez les officiers les plus « aristocrates » le sang national, triomphant de l'incapacité et de la suffisance, se retrouvait aux heures des combats, et qu'à

(1) On sait aussi que les acquéreurs de « biens nationaux » agirent de même. Si l'on avait à faire le procès à cette catégorie de « gens d'importance », on pourrait toucher un mot de ceux qui, pour se distinguer de leurs collatéraux ou de leurs homonymes, ne trouvèrent rien de mieux que de suivre cet exemple et de s'attribuer ainsi un semblant de noblesse :

« De loin c'est quelque chose...... »

(2) Scarron : « Les Nouvelles tragi-comiques », Paris, M. DCCI, page 1.

(3) « Il y a beaucoup de petite noblesse en Angoumois, presque toute sortie de la Maison-de-Ville d'Angoulesme, qui en multiplioit les familles avant la révocation portée par l'édit de 1667.

« On n'accuse point la noblesse d'Angoulesme de manquer de zèle pour le service de son prince, ni de courage à l'armée ; on la taxe seulement d'un peu trop d'impatience à s'élever aux emplois.

« Les gentilshommes de cette province qui prennent le parti de la guerre se rebutent bientôt si on ne les place brusquement; ce que leurs ennemis leur imputent à orgueil et à légèreté...

« Quoi qu'il en soit, il n'est que trop vrai, d'un côté, que la plupart de ces familles, qui étoient peu de chose dans leur origine, ayant tout d'un coup été rendues nobles, ont produit une infinité de gens qui,

l'exemple de leurs troupes plébéiennes ils ne man-
quèrent ni d'intrépidité, ni de bravoure, et qu'ils se
comportèrent crânement.

C'est quelque chose, d'ailleurs, que d'entrer en campagne et de « servir le Roy »; on dirait aujourd'hui :
la France.

Il est possible que, végétant dans son village, comme
la plupart des hobereaux, M. de Luchet demanda du
service, où il débuta, en vertu des privilèges du
« bon vieux temps », par le grade d'officier : sans doute
une lieutenance. J'ai hâte d'ajouter qu'on aurait mau-
vaise grâce à ne pas déclarer, de cette place, que
M. de Luchet eut « la vocation », qu'il fut un excellent
capitaine dont les seules visées furent la croix de Saint-
Louis et une maigre pension.

Son journal est intéressant en soi. S'il n'eût traité
que d'un modeste officier, il ne justifierait pas cette
publication ; mais il marque la vie active d'un régiment
de l'infanterie française, laquelle, depuis Rocroi, au
milieu même du XVIII° siècle, faisait encore la force
de l'armée de France; il donne partout l'impression

---

ne pouvant réparer les brèches de leur fortune par le commerce et les
autres ressources, ont demeuré et tombent de plus en plus, en se mul-
tipliant et se divisant, dans une honteuse pauvreté ; et on voit, d'un
autre, que presque tous ceux qui avoient embrassé la profession des
armes se sont retirés après peu d'années dans leurs villages.

« Quelques-uns d'eux cependant n'en ont ni moins de vanité, ni
moins d'esprit de violence et d'injustice ; ces défauts les caractérisent.
Le paysan qui a le malheur de vivre sous leur domination se plaint
souvent d'être vexé et maltraité par ces tyranneaux, chose trop ordinaire aux gentilshommes de campagne d'une origine et d'une fortune
au-dessous des médiocres. Il n'y a guère que ceux d'une naissance
plus illustre, d'une noblesse plus ancienne, et qui ne sont pas pressés
par une impérieuse nécessité, qui se comportent dans leurs terres avec
la modération et l'équité convenables aux gens de condition. Heu-
reusement pour le pays, il s'y en trouve de ceux-ci. » (*Mémoire sur
l'Angoumois*, par J. Gervais, Lieutenant-Criminel au Présidial d'Angoulême.)

immédiate et sincère d'un soldat témoin de ce qu'il rapporte posément, avec mesure, des batailles de Fontenoy, de Rocoux, de Lawfeld, jusqu'au delà du désastre de Rosbach...; enfin, suivant une judicieuse observation, « il n'y a si pauvre autheur qui ne puisse quelquefois servir, au moins pour le tesmoignage de son temps » (1).

Les relations de M. de Luchet ont été scrupuleusement reproduites ici; il n'avait d'autre prétention, certainement, que de se dresser un mémento personnel; néanmoins, comme ce brave chevalier ne possédait pas le style de César, il a paru convenable, pour la clarté de son récit et l'exactitude des noms qu'il cite, de rectifier l'orthographe du texte original; j'ai pris soin, cependant, de n'y changer pas une seule phrase.

Les principaux chapitres sont désignés à l'attention du lecteur par un titre marginal : mnémonique.

Voici donc une petite page de plus à la gloire de ces « soldats obscurs toujours dignes de la France, mourant sans phrases, sans se demander si c'est un preux qui les conduit ou un traître qui les livre (2) »; de cette « race d'hommes toujours dédaignée ou honorée outre mesure, selon que les nations la trouvent inutile ou nécessaire (3) ».

(1) Claude Fauchet : « *Recueil de la langue et de la poésie françoise* ».

(2) Toast du lieutenant-colonel Meyret lors du banquet offert au statuaire Raoul Verlet, le 27 novembre 1887, jour de l'inauguration de la belle figure allégorique dédiée par « la Charente à ses enfants morts pour la Patrie : 1870-1871 ».

(3) Comte Alfred de Vigny : « *Servitude et Grandeur militaires* ».

1742. — Le 1er avril 1742, je partis de Luchet pour aller joindre le régiment à Dulmen, en Westphalie... où le régiment avoit passé son yver, aux ordres de M. le comte de Lavauguion, notre colonel.

Le 6 juin, nous en partîmes pour aller camper sur les bords de la Lippe, près de la petite ville d'Halteren.

... Le 30, nous vînmes camper à *Kalkum* (?), où nous séjournâmes jusqu'au 8 d'aoust ; et, au moment où nous comptions repasser le Rhin pour rentrer en France, M. le mareschal de Maillebois, qui commandoit l'armée, reçut ordre de partir pour aller en Bohême au secours de notre armée assiégée dans Prague.

Le 8 aoust, nous vînmes camper près de Dusseldorf.

Le 9, M. le mareschal partit à la tête de la première division, dont la brigade de Poitou, dont nous étions, faisoit partie, pour aller à *Vispladen* (1), et les deux autres nous suivirent successivement, conservant un intervalle de deux jours de marche...

Le 11, nous campâmes sous la riche abbaye de Sigburg, à deux lieues de Bonn, petite ville à l'Électeur de Cologne et où il a une maison magnifique.

... Le 23, l'armée séjourna (à deux petites lieues de Franckfort) et fut passée en revue par l'Empereur, l'Impératrice et toute leur Cour.

. . . .

Le 14 (septembre), à Amberg, ville du Palatinat de Bavière, assez grande, bien bastie mais irrégulièrement. Les Jésuites y ont une maison superbe avec des bâtimens immenses où on établit l'hôpital et où l'on fit entrer tous les gros équipages de l'armée.

... Le 22, M. le mareschal ayant appris que M. de Saxe s'étoit emparé de *Plan,* et jugeant ce passage plus facile que celui de *Veidhausen* (?), qu'il estoit près d'attaquer, se mit en marche pour l'aller joindre. L'armée partit à cinq heures du matin et marcha jusqu'au lendemain à sept heures, qu'elle campa sur les hauteurs de *Flos,* après avoir essuyé un temps épouvantable. Quelques

(1) Wisbaden ?

troupes de Pandours, Croates et houssards quittèrent les gorges et vinrent attaquer l'arrière-garde, composée de tous les grenadiers, dragons et gendarmeries, et nous n'y perdîmes qu'un sergent de grenadiers.

. . . .

Ledit jour (10 octobre 1742), M. de Saxe fit capituler 4,600 Croates ou Pandours qui étoient dans le château d'*Elnbogen,* lesquels rejoignirent leur armée avec une escorte...

Le 16, les brigades de Normandie et de Poitou eurent ordre de partir à la légère, sans tentes ni autres équipages, pour aller aux gorges de Damitr et Klosterteiteith (?) pour favoriser la retraite de M. de Saxe, qui avoit tenté en vain de forcer les gorges de Cadan. Son armée décampa ledit jour à soleil couché et nous en fîmes l'arrière-garde, moyennant quoy nous n'arrivâmes dans notre camp, que nous avions laissé tendu, que longtemps après minuit, et fîmes, dans cette course, autour de huit lieues.

. . . .

Le 14 novembre, nous passâmes le Danube à une lieue de Ratisbonne et campâmes à *Plifeter,* village sur le Danube.... 5 lieues.

Le 15, nous continuâmes notre route, laissant le Danube sur la gauche, et fûmes camper sur ses bords près de Straubing. . 5 lieues.

Le 16, nous quittâmes le Danube et nous approchâmes de l'Isar, rivière fort rapide, à une lieue de laquelle nous campâmes près du village de Pilsting, à une lieue de Landau............ 6 lieues.

Les 17, 18, 19, 20, 21, 22, 23 et 24, séjour, pendant lequel M. le mareschal de Broglie est arrivé de Prague à notre armée, dont il a pris le commandement en chef.

Le 25, nous passâmes l'Isar à Landau et fûmes camper, après avoir traversé cette ville, dans un camp que les ennemis nous avoient abandonné la veille près de cette ville......... 1 lieue.

Les 26, 27, 28, 29, 30, 1er décembre et 2, séjour le 3 à Reispach...................... .... 3 lieues.

Le 4, nous passâmes la Vils et fûmes camper à *Falkeperg* (Falckenberg?)............................... 5 lieues.

Le 5, à *Eggenfelden,* où nous séjournâmes plusieurs jours.

Le 8, on en fit partir toutes les compagnies de grenadiers, un piquet par bataillon, la gendarmerie, deux régiments de cavalerie et quatre de dragons, aux ordres de M. le prince de Conty, pour empescher les ennemis d'assiéger Braunau; lequel détachement campa ce dit jour à Tann (Thann)........................ 3 lieues.

Le 9, il arriva à Braunau, ville située sur l'Inn, rivière très conidérable qui la traverse........................ 3 lieues.

Les 10, 11, 12, 13, 14 et 15, il y séjourna : les ennemis avoient abandonné la ville le 12, après avoir brûlé leur camp.

Le 16, tout ce détachement partit de Braunau, et chacun rejoignit son corps par des routes différentes : le piquet du régiment et nos grenadiers nous joignirent le 19 à *Usterling,* village situé à une lieue de Landau, sur les bords de l'Isar, où nous étions arrivés du 17 et où nous demeurâmes en cantonnement jusqu'au 15 janvier 1743.

Le 15 janvier de ladite année, nous partîmes de *Usterling* et vînmes aussi en cantonnement à *Mamming,* village où nous fûmes un peu mieux que dans le premier, quoique fort mal.

Le 29 dudit mois, nous en partîmes pour aller en quartier d'hiver à *Reisbach* (Reichenbach) (?), où nous fûmes un peu moins mal ; nous y restâmes aux ordres de M. le marquis de Rieux, mareschal de camp, qui nous y tint fort alertes.

1743. — M. de Phillipe (1), lieutenant-général, qui commandoit à *Eggenfelden,* ayant appris qu'il devoit y être attaqué, manda à M. de Rieux de l'aller joindre avec le régiment et celui du Royal-Comtois, qui étoit aussi sous ses ordres, dans un village, à une lieue du nôtre. Nous nous mîmes en marche à quatre heures du soir et laissâmes ordre à nos domestiques d'avoir leurs chevaux de charge prests à partir en cas que nous fussions repoussés. Nous arrivâmes à une ou deux heures après minuit à demy-lieue d'Eggenfelden, et n'y ayant reçu ordre de nous en retourner, nous nous remîmes en marche après une halte de deux heures et revînmes à *Reisbach,* où nous arrivâmes le soir, très fatigués, ayant fait près de neuf lieues.

Nous prîmes les armes plusieurs autres fois dans le cours de l'hiver, mais sans sortir de notre quartier, *et soit du mauvais air ou des fatigues de la campagne, nous y perdîmes presque tous les soldats du régiment de maladies, ce que nous eûmes de commun avec toute l'armée qui étoit dans ce païs-là.* Nous y perdîmes aussi notre aide-major et un lieutenant

Le 8 may, ayant appris que les ennemis venoient en force sur nous, nous partîmes de notre quartier à quatre heures après midy et vînmes à *Maming,* d'où nous partîmes après une halte de trois heures pour nous rendre à Landau, où nous repassâmes l'Isar et fûmes cantonner dans de mauvaises granges, à une demy-lieue, lesquelles nous eûmes beaucoup de peine à obtenir de M. de

(1) Le lieutenant-général Phelippes de La Houssaye.

Lutaux, lieutenant-général, qui y commandoit, quoique le régiment fût sans tentes, n'ayant pas pu les faire venir de Strasbourg, et elles n'arrivèrent qu'à la fin du mois, de façon que les soldats furent obligés de se baraquer...................... 5 lieues.

Les 10, 11 et 12, séjour.

Le 13, nous fûmes cantonner dans un village sous Dingel-fing.. 3 lieues.

Le 14, séjour.

Le 15, nous en partimes à cinq heures du soir, aux ordres de M. Le Brun, mareschal de camp, pour aller à Landshut, ville très jolie, située sur l'Isar, qui sépare la ville du fauxbourg.. 7 lieues.

Le 21, nous en partimes pour aller camper à Vertes (?), sur les bords de l'Isar.................................. 4 lieues.

Les ennemis, qui avoient déjà forcé la meilleure partie de nos postes sur l'Isar et passé cette rivière, marchant à nous, nous fûmes obligés, le 6 de juin, de partir de notre camp à cinq heures du soir, ainsi que toutes les troupes qui étoient sur les bords de cette rivière, avec ordre de ne point garder d'équipages avec nous et de les envoyer tous par une autre route (1). Nous marchâmes toute la nuit sans presque point nous arrêter et arrivâmes le lendemain, 7, à *Églosshaim*. Les chevaux de mon frère et les miens s'estant trouvés blessés, tant ceux de bât que ceux de selle, nous nous déterminâmes à disperser sur eux tous nos affaires et à suivre le régiment à pied, avec seulement notre bonnet dans notre poche, comptant que nous les joindrions le surlendemain ; mais, au contraire, ce ne fut que le 23, à *Donowerth* (?), de façon que pendant tout ce temps-là nous fûmes obligés d'aller à pied et de nous coucher tout habillés, n'ayant pas seulement de chemize à changer.

Le 8, nous vînmes camper à Ratisbonne........... 3 lieues.

Le 9, à Kelhaim.............................. 6 —

Le 10, à Neustadt............................ 5 —

Le 11, à Moring............................. 7 —

Les 12, 13 et 14, séjour.

Le 15, à Ingolstadt.,......................... 2 —

Les 16, 17 et 18, séjour.

Le 19, la retraite servit de générale, et à huit heures du soir toute l'armée se mit en marche et repassa le Danube sous Ingols-

---

(1) Les historiens rapportent qu'à Rosbach on trouva dans le camp français des caissons pleins d'eaux de senteur, un attirail de cuisines, des parasols, des perroquets, etc. .

tadt, que nous traversâmes pour aller camper à une demye-lieue de cette ville.. 2 lieues.

Le 20, séjour.

Le 21, nous nous remîmes en marche sans tambour ni trompette après soleil couché et arrivâmes le 22 à *Rennershomn,* après avoir passé près de Neubourg, appartenant à l'Electeur palatin... 6 lieues.

Le 23, à Donaverth............................ .... 4 —

Les 24, 25 et 26, séjour. (Suit l'indication de dix étapes.)

Le 12 juillet, nous passâmes le Rhin et campâmes à Spire.. 4 lieues.

Les 13, 14 et 15, séjour.

Le 16, à Germersheim............................ 3 —

Les 17, 18, 19, 20 et 21, séjour, pendant lequel, ayant reçu l'ordre d'aller à Metz en garnison, nous partîmes le 22 et fûmes camper à Landau................................. 4 lieues.

... Le 2 août, à Metz, où le régiment resta jusqu'au 1er novembre, pendant lequel temps, ayant reçu ordre d'en partir pour aller à Philippeville et les semestres étant arrivés, je partis ledit jour 1er novembre pour aller à Luchet et le régiment fut coucher à Conflans et Jamy............................... 5 lieues.

1744. — Le régiment ayant reçu ordre d'aller à Lille partit le 6 janvier 1744 de Philippeville et fut coucher à Marienbourg.

... Nos semestres étant expirés et ayant eu ordre de nous trouver à nos régiments à la revue de mars, en conséquence je partis le 1er de Luchet...

Le 12 may, le Roi fit son entrée à Lille, qui fut très brillante (1).

(1) Le Roi était parti de Versailles pour se rendre à l'armée de Flandre le dimanche 3 mai, à trois heures un quart du matin. (Voir *Mémoires du duc de Luynes,* tome V; voir aussi *La duchesse de Châteauroux et ses sœurs,* par MM. Ed. et Jules de Goncourt, ouvrage littéraire et historique où se trouvent publiés sur le départ du Roi des documents, jusqu'alors inédits, très curieux et irrécusables.)

Le ministre Maurepas avait représenté, à son tour, à Louis XV l'utilité de sa présence au milieu de ses troupes. Il n'est pas hors de page de rappeler ici l'un des « proffitables documens et enseignemens faictz et composez par Michel d'Amboise, escuyer, seigneur de Chevillon, dict l'Esclave fortuné :

« Combien profitte en vne guerre, en vng camp, en vne bataille, la présence d'vng roy, d'vng coronal ou d'vng capitaine, tous ceulx qui sont capables de raison clairement le congnoissent et entendent; car par icelles les capitaines et souldars sont meuz et enhortez (tant pour

Le 14, il en partit pour aller à Süoins (?) passer l'armée en revue et il y revint le 17.

Ledit jour, le régiment en partit à minuit, ainsi qu'une bonne partie de la garnison, pour aller à Alloyer, fauxbourg de Menin, situé sur une éminence, et nous n'eûmes nos équipages que le 19.

Le 18, cette place fut investie.

Les 19, 20, 21 et 22 furent employés aux préparatifs du siège et à déterminer les attaques.

Le 23, nous partîmes pour aller à l'attaque Royalle, au parc de l'artillerie, au service de laquelle nous fûmes attachés pendant le siège, ainsi que les régiments de Royal-Marine, Haynaut et Monboisier; nous passâmes la Lys à Revervich, où étoit le quartier du Roi.

Les 24, 25, 26 et 27 furent employés à faire des fascines, gabions et saucissons, etc., et à faire venir l'artillerie.

Le 28, on fit l'ouverture de la tranchée, où le Roi se trouva; elle fut poussée très vigoureusement pendant la nuit; les ennemis se contentèrent seulement de jeter quelques pots à feu sur les glacis pour apercevoir les travailleurs et ils ne commencèrent à tirer que le lendemain à quatre heures, mais sans beaucoup d'effet, tout le monde étant à couvert.

Les 29, 30, 31, 1er juin, 2 et 3 furent employés à pousser les ouvrages.

Le 4, on prit le chemin couvert qu'ils avoient abandonné, et, ledit jour, le baron d'*Echtin*, gouverneur de cette place, fit arborer le drapeau et demanda à capituler; et, étant convenu des articles de la capitulation, la garnison sortit le 5 avec tous les honneurs de la guerre. Elle étoit composée de 1,500 hommes, Hollandois et Écossois.

Ledit jour 5 juin, on fit partir des détachements de grenadiers et de fusiliers pour s'emparer de quelques portes aux environs d'Ypres.

éuiter honte que pour la crainte de leur prince ou capitaine, qui veoit tout et qui congnoist ce qu'ilz font, soit bien ou mal) à vaillamment et courageusement faire leur debuoir, aucuns principalement pour auoir récompense de leur bienfaire, et aucuns seulement pour acquérir la bonne grâce de leur capitaine. Et bien souuent, où la bataille est perdue par les gens de guerre, par la présence du prince et du capitaine est remise en doubte et quelquefois se peult résoudre et gaigner... » (*Le Guidon des Gens de guerre*, 1543.)

Le 8, une partie de l'armée marcha pour en aller faire l'investiture, et, le 9, le reste suivit, et l'artillerie et toutes les munitions y furent ensuite transportées.

Le 13, nous partîmes et escortâmes le dernier convoy jusques à Ypres.

Le 15, à la faveur de quelques hayes qui couvroient les travailleurs, on fit l'ouverture de la tranchée en plein jour avec des détachements, et elle ne fut censée ouverte que le 18, jour où le Roi y arriva et que les Gardes-Françoises y montèrent Le prince de Hesse Philipstadt (1), qui y commandoit, s'y étant mal défendu, demanda à capituler le 25, et, les articles de la capitulation étant signés, il en sortit le 27 avec tous les honneurs de la guerre, six pièces de canon et trois mortiers. La garnison étoit composée de près de 3,000 hommes Hollandois.

Le 29, M. de Boufflers partit avec un détachement de l'armée pour aller prendre la Kenoque (2), qui se rendit après une attaque de dix-huit heures; il en fut fait lieutenant-général.

Le 1er juillet, le Roi partit pour aller faire le siège de Furnes, qui se rendit le 10.

Ledit jour 1er juillet, le régiment, avec quelques autres, partit d'Ypres pour aller joindre l'armée de M. le mareschal de Saxe, à Courtray...................................... 6 lieues.

Le 18, nous passâmes la Lys et vinmes camper de l'autre costé sur deux lignes. Il se trouva derrière le régiment un village nommé *Wouatremed* dans lequel nous nous logeâmes tous et restâmes le reste de la campagne.

Le Roi ayant appris que le prince Charles avoit passé le Rhin partit le 19 avec toute sa maison et plusieurs régiments pour aller en Alsace; il tomba malade à Metz et, le 13 août, il fut en grand danger. Après son rétablissement, il continua sa route en Alsace, fit repasser le Rhin au prince Charles et ensuite le passa et fit le siège de Fribourg, dont on rasa les fortifications, dans le cours de l'hyver suivant, après avoir pris les châteaux, que l'on rasa aussi, et fait la garnison prisonnière de guerre, qui consistoit en 8,000 hommes.

L'armée de M. le mareschal de Saxe resta dans le même camp, à Courtray, jusqu'au 21 octobre, quelque chose que les ennemis ayent fait pour l'en chasser, quoiqu'ils fussent supérieurs à lui de 30,000 hommes. Notre seule occupation dans ce camp fut d'exercer les troupes.

(1) Hesse-Philippsthal.
(2) La Knocque.

Le 20 octobre, M. le mareschal nous envoya ordre d'aller à Landrecy, en attendant les ordres de la Cour pour les quartiers d'hyver.

Le 21, nous partîmes de notre village pour aller à Vernich.. 3 lieues.

Le 22, à Lille, où nous cantonâmes dans un village... 4 —

Le 23, séjour; le 24, à Orchies..................... 5 —

Le 25, nous traversâmes Saint-Amand, où nous vîmes une très belle église de Bénédictins. Nous y passâmes la Scarpe et fûmes coucher à l'abbaye de *Vicogne*, où nous vîmes aussi une belle église. Les moines sont Prémontrés.................. 4 lieues.

Le 26, nous traversâmes Valenciennes et fûmes à un village nommé Orsenval..................................... 4 lieues.

1745. — ... Mon père m'ayant mandé à Aire d'aller à Paris pour quelques affaires qu'il y avoit, en conséquence j'en partis, ayant obtenu un congé de la Cour, le 13 janvier 1745, par le carrosse, et y arrivai le 19 dudit mois.

Le 6 avril, je partis de Paris par la même voiture et arrivai à Aire le 11. Pendant mon séjour à Paris, je logeais à l'hôtel du Saint-Esprit, rue Plastrière, quartier Saint-Eustache.

Toutes les troupes qui étoient en garnison en Flandre ou dans le païs d'Hainaut s'estant mises en mouvement dans le commencement d'avril, le régiment reçut aussi ordre de partir d'Aire, ce qu'il fit le 14 dudit mois et fut coucher à Béthune.......... 5 lieues.

Le 15, à Lans................................... 4 —

Le 16, séjour; le 17, à Douay.................... 4 —

Le 18, à Denain, village où nous avons gagné une bataille et où passe l'Escaut..................................... 5 lieues.

Le 19, à Valenciennes........................... 2 —

Les 20 et 21, séjour.

Le 22, campé sous Condé........................ 2 —

Le 23, devant Saint-Juilen (Saint-Ghislain ?), près de Mons.. 3 —

Le 24, au camp de Perunets (Peruwelz ?)........... 4 —

Le 25, séjour, et les grenadiers et deux piquets par bataillon partirent deux heures devant jour pour aller investir Tournay, et l'on prit dans le château d'Antonin 10 Hollandois commandés par un capitaine et un lieutenant, le tout de la garnison de Tournay, dont ce château n'est éloigné que d'une lieue et sur le bord de l'Escaut.

Le 26, toute l'armée y marcha.

Le 30, on y ouvrit la tranchée.

Le 5 may, le régiment y monta la tranchée, et nous y vîmes le lieutenant des grenadiers blessé à la joue d'un éclat de grenade.

Le 6, je fis mes travailleurs de tranchée.

Le 7, nous eûmes ordre d'envoyer tous nos équipages.

Le 8, le Roi et M. le Dauphin arrivèrent à l'armée.

Ledit jour, nous eûmes ordre d'aller avec le régiment Dauphin, notre chef de brigade, au village de Fontenoy, à un quart de lieue sur la gauche d'Antonin, et de nous y fortifier.

Le 9, on prit le chemin couvert de Tournay.

Ledit jour, nous vîmes paroistre les ennemis qui avoient obligé, deux jours devant, les troupes que nous avions à Leuze de se retirer, et le régiment de Grassin, avec les autres troupes que nous avions en avant, se replièrent auprès de notre village, et notre armée commença à y venir de Tournay.

Le 10, les ennemis s'avancèrent et restèrent en bataille jusqu'au 11 au matin, à un quart de lieue de nous, les bois de Bari nous séparant.

Ledit jour 10 may, toute notre armée vint à mettre en bataille, appuyant sa droite au village d'Antonin, sa gauche à deux grandes redoutes que l'on avoit faites près des bois de Bari, et, dans le centre, le village de Fontenoy, qui étoit gardé par les régiments Dauphin et Beauvoisis, soutenus par celui du Roi. On laissa à Tournay la tranchée garnie et des troupes de l'autre costé de l'Escaut pour l'investiture de cette place dans cette partie.

Fontenoy (1). — Le 11, à la petite pointe du jour, les ennemis marchèrent à nous. A quatre heures, le canon commença à tirer de part et d'autre et continua avec beaucoup de vivacité jusqu'à neuf. La mousqueterie qui commença pour lors ne fut pas moins violente, et dans les commencements nous perdîmes beaucoup de terrain sur la gauche de notre village et la bataille fut pendant longtemps douteuse; mais enfin le village de Fontenoy ayant tenu bon et les Hollandois qui formoient la gauche de l'armée ennemie, aux ordres du prince Valdec (2), n'ayant osé nous attaquer de vive force, ils furent tous obligés de se retirer à deux heures après midy, ce qu'ils firent fort en désordre, nous abandonnant beaucoup de canons et tous leurs blessés. La terreur se mit si

(1) On trouvera à la fin de ce *Journal* une autre relation de la bataille de Fontenoy jointe au manuscrit du chevalier de Luchet.

(2) Waldeck.

2

fort dans toutes leurs troupes qu'ils ne s'arrêtèrent point dans leur camp ; ils y mirent le feu et se retirèrent par des routes différentes sous Ath. Nous leur primes, dans cette affaire, 47 pièces de canon, 6 mortiers et plus de 300 chariots composés ou caissons. Leur perte fut d'autour de 15,000 hommes tant tués que blessés ou prisonniers de guerre, et la nôtre de 5 à 6, dans lequel nombre il y eut 537 officiers.

Notre armée étoit commandée par le Roi, ayant sous lui M. le mareschal de Saxe; celle des ennemis par le duc de Cumberland, M. *Batiani* (1) et le prince de Waldeck. Le premier commandoit les Anglois et Hanovriens, le second les Autrichiens et le dernier les Hollandois.

Le régiment y perdit une quarantaine de soldats tués ou blessés.

Notre lieutenant-colonel, notre major et deux lieutenants furent blessés; le lieutenant-colonel mourut de la blessure un mois après (2)

Le 12, M. le mareschal envoya plusieurs compagnies de grenadiers, des piquets, des dragons et de la cavalerie à leur suite, aux ordres de M. d'Estrées, qui s'empara de beaucoup de blessés qu'ils avoient laissés dans un château avec une garde de 150 hommes.

Ledit jour 12 may, toute l'armée fut reprendre son même camp sous Tournay.

Le 13, nos équipages nous rejoignirent, et pendant leur absence nous couchâmes au bivac et fûmes fort mal pour tout.

Le 19, le régiment monta la tranchée.

Le 22, la garnison arbora le drapeau.

Du 22 au 23, la capitulation fut signée, et en voici les articles : scavoir que toute ladite garnison, avec ses malades et ses blessés, ses femmes, ses enfants et tout son équipage, entreroient dans la citadelle et qu'on leur donneroit huit jours pour écrire aux États-Généraux afin de scavoir s'ils voudroient qu'ils la rendissent et qu'ils en sortissent avec les honneurs de la guerre, ou qu'ils la défendissent; mais n'ayant demandé cela que pour avoir le temps d'arranger leurs cazemates dans la citadelle, de façon à estre à couvert de la grande quantité de bombes qu'ils prévoyoient que nous y jetterions, le 1er juin nous fûmes obligés d'en commencer le siège.

(1) Le prince Charles de Batthyani, d'une ancienne maison de Hongrie.

(2) La brigade d'Aubeterre prit part à la bataille de Fontenoy et s'y signala. Voir les relations du temps; voir aussi Général Susane : *Histoire de l'Infanterie française*, t. II, p. 154. (Paris, 1876.)

Le 18, le régiment monta la tranchée.

Le 19, à cinq heures après midy, la garnison arbora le drapeau ; et par la capitulation il fut dit qu'elle ne pourroit servir ni contre nous ni contre nos alliés, de dix-huit mois, ni se tenir dans aucune place fermée. Elle consistoit en 8,000 hommes Hollandois.

Le 24, elle sortit avec quatre pièces de canon et tous les honneurs de la guerre, et ledit jour le Roi fit son entrée à Tournay.

Le 1er juillet, toute l'armée partit de Tournay et fut à Leuze.

Le 4, auprès de Lessines.

Le 5, nous nous en approchâmes et les ennemis se retirèrent sur les hauteurs de Grammont, où ils s'estoient retranchés avec la Dendre devant eux, qu'ils avoient bordée de canons.

Le 6, nous nous approchâmes encore.

Le 7, nous restâmes en présence.

Le 8, l'armée vint camper à *Bosc,* et il y resta pour l'arrière-garde un détachement de 7,000 hommes aux ordres de M. d'Armantières, mareschal des camps, lequel dit détachement, dont j'étois, fit l'avant-garde le 6 et resta jusqu'au 8, à six heures du soir, en avant de l'armée, couchant au bivac, et après qu'elle fut toute défilée se mit en marche et arriva au camp de *Bosc,* à deux petites lieues de Oudenarde, le 9, à soleil levé.

Le 18, on ouvrit la tranchée à Oudenarde.

Le 21, la garnison, consistant en trois bataillons, — Hollandois, Autrichiens et Anglois, — arbora le drapeau et se rendit prisonnière de guerre.

Le 25, en sortant de cette place, elle défila devant le Roi, qui, ensuite, y fit son entrée.

Le 28, nous partimes du camp de *Bosc* et fûmes à Oordegem. Pendant le séjour de l'armée à Bosc, il y eut une affaire à *Méle,* sur le chemin de Gand, entre deux brigades Françoises et le régiment de Grassin et autour de 8,000 hommes ennemis qui alloient renforcer la garnison de Gand, mais qui furent battus à plate couture, ayant presque tous été tués, blessés ou faits prisonniers.

Le 3 aoust, nous vînmes camper à Alost.

Le 7, devant Dandermonde.

Le 10, je fus avec Jaurezat des travailleurs pour faire faire un boyau de communication d'une batterie à une autre.

Le 11, on y ouvrit la tranchée.

Le 12, la garnison, consistant en autour de 1,000 hommes, — Autrichiens ou Hollandois, — arbora le drapeau et se rendit prisonnière de guerre.

Le 16, elle est sortie avec la même capitulation que celle de Tournay.

Ledit jour 16 aoust, la brigade de Beauvoisis partit de l'armée pour aller au secours de M. de Lowendal, qui faisoit le siège d'Ostende avec une autour de 15,000 hommes ; nous fûmes coucher à Gand.. 4 lieues.

Le 17, nous fûmes camper à *Alter,* village à moitié chemin de Gand à Bruges.................................... 4 lieues.

Le 18, à Bruges, où nous logeâmes................ 4 —

Le 19, à *Oudenbourg*............................ 3 —

Le 20, au camp devant Ostende, où nous trouvâmes la tranchée ouverte du 10..................................... 1 lieue.

Le 21, nous y montâmes la tranchée et y eûmes 15 soldats tués ou blessés et un capitaine tué d'un boulet.

La garnison, consistant en 3,000 hommes Anglois ou Autrichiens, arbora le drapeau, et M. de Lowendal, lieutenant-général, aux ordres de qui nous étions, leur accorda tous les honneurs de la guerre, deux pièces de canon et deux mortiers.

Le 27, ils partirent pour aller joindre leur armée avec une escorte française ; M. de Chanclau, lieutenant-général, les commandoit.

Le 28, nous partîmes d'Ostende et fûmes camper à [?].

Le 29, séjour.

Le 30, devant Nieuport, à trois lieues d'Ostende.

Le 31, nous y avons ouvert la tranchée.

Le 1er septembre, le Roi est parti de l'armée.

Le 5, la garnison de Nieuport, consistant en 2,000 hommes Autrichiens, arbora le drapeau et se rendit prisonnière de guerre sans que nous eussions tiré un seul coup de canon à la ville.

Le 9, elle sortit de cette place. Ledit jour, le régiment y est entré en cantonnement.

Le 28, nous en partîmes pour aller à Ostende, les troupes qui y étoient ayant eu ordre d'aller joindre l'armée du Roi pour le siège de Ath, que l'on fit pendant notre séjour en cette ville, qui nous coûta très peu et nous tint peu de temps, ainsi que tous les autres sièges que nous fîmes pendant cette campagne, à l'exception de celui de Tournay, et de sa citadelle, où nous eûmes autour de 2,000 et quelques cents hommes de tués ou blessés.

Le régiment ayant receu ses ordres pour aller en garnison à Gravelines partit d'Ostende le 17 octobre et fut coucher à Furnes.. 5 lieues.

Le 18, à Dunkerque.............................. 4 —

Le 19, à Gravelines.............................. 4 —

Nos semestres étant arrivés à Ostende et en ayant pris un pour aller à Luchet, j'en partis aussi le 17 octobre.....

... De Bapaume je fus à Paris, où j'arrivai le 27 et d'où je partis le 28, et de là à Luchet, par ma route ordinaire, que je finis le 11 novembre. Le régiment, qui, comme je l'ai déjà dit, étoit à Gravelines, où il comptoit passer son yver tranquillement, ayant été compris dans le nombre des dix-huit bataillons qui devoient s'embarquer pour passer en Angleterre et en Écosse, aux ordres de M. de Richelieu, pour secourir le prétendant, reçut ses ordres le [ ] pour aller à Bologne (1), et, en conséquence, il partit de Gravelines et fut coucher à Calais.

1746. — Le..., à Boulogne. L'embarquement n'ayant pas pu avoir lieu, attendu les vents contraires et la grande quantité de vaisseaux Anglois qui croizoient sur cette côte, ces troupes furent envoyées dans différents cantonnements, et la petite ville *Dezdin* ayant été destinée pour être le nôtre, le régiment partit de Boulogne le [ ] pour y aller et fut coucher à Samet.

Le [ ], à Montreuil.

Le [ ], à *Ezdin*.

Le [ ], il reçut ordre d'aller à Gand pour remplacer les troupes que M. le mareschal employoit au siège de Bruxelles et en même temps pour empescher la levée dudit siège si les ennemis se fussent assemblés pour marcher à lui.....

M'estant trouvé trop éloigné, lors de l'embarquement, pour pouvoir joindre le régiment aussi promptement que l'on me mandoit de le faire, *je me déterminai à rester à Luchet jusqu'à l'échoyance de mon semestre* et j'en partis le 22 mars pour aller à Gand joindre ledit régiment.

... Le 1er may, toute la garnison en partit pour aller cantonner à Alost et aux environs............................ 5 lieues.

Le 2, dans des villages à deux lieues de Bruxelles.... 2 —

Le 3, l'armée se rassembla au camp sous Bruxelles... 3 —

Le 4, le Roi y arriva.

Le 7, M. de Lowendal, avec un détachement de 4,000 hommes, fut reconnoistre Louvain, lequel les ennemis abandonnèrent.

Le 9, nous partimes du camp de Bruxelles et fûmes camper à *Perik* (Perwis ?).

Le 11, à Steen ou Ippegem, près de Malines.

(1) Évidemment pour Boulogne.

Le 12, les ennemis qui étoient rassemblés à Malines, aux environs de 40,000, évacuèrent cette place et abandonnèrent le camp qu'ils occupoient le long de la Dyle pour repasser la Nèthe, le long de laquelle ils campèrent.

Le 15, nous passâmes la Dyle et fûmes camper près de Malines, à une lieue des ennemis.

Le 17, les ennemis abandonnèrent leur camp le long de la Nèthe et se retirèrent à Anvers.

Le 18, nous passâmes la Nèthe et vînmes camper le long de la chaussée qui conduit de Lier à Anvers.

Le 21, notre brigade, avec celle d'Auvergne, de Sedorf et de Betins (1) et huit bataillons de grenadiers royaux, fut détachée de l'armée pour aller faire le siège de la citadelle d'Anvers, aux ordres de M. le comte de Clermont-Prince, les ennemis s'étant retirés à Bréda.

La nuit du 25 au 26 (2), nous y ouvrîmes la tranchée et je fus des travailleurs.

Le 27, le régiment y monta la tranchée.

Le 31, à six heures du matin, la garnison, consistant en 1,500 hommes de piquets des régiments de toute leur armée, arbora le drapeau.

Le 3 juin, elle en sortit avec les honneurs de la guerre. Ce siège ne nous coûta qu'autour de 150 hommes tués ou blessés.

Le 4, le Roi fit son entrée à Anvers, qui fut très brillante.

Le 7, nous partîmes de notre camp, ainsi que toute l'armée du sien, pour aller camper à Rans (3); la gauche appuyoit à Anvers.

Le 10, le Roi partit d'Anvers pour s'en retourner à Versailles à cauze des couches de Mme la Dauphine (4).

---

(1) « ... La ville d'Anvers, abandonnée de sa garnison, ouvrit ses portes. Les brigades de cavalerie du Roi et d'Orléans et celles d'infanterie d'Auvergne, Beauvoisis, Scedorff et Bettens, suivies de huit bataillons de Grenadiers-Roïaux et d'un bataillon de Roïal-Artillerie, formèrent la circonvallation de la citadelle. M. le comte de Clermont-Prince, à qui le Roi avoit confié la direction de ce siège, marcha à leur tête. Il avoit sous ses ordres MM. de Brézé, lieutenant-général, et MM. de Thomé, Scedorff, d'Avarey, Froulay, La Vauguion, duc d'Havré, La Peirouse, Choiseuil, La Marche et d'Autane, maréchaux de camp... » (Mémoires pour servir à l'Histoire de l'Europe.)

(2) Mai.

(3) Au village d'Ans (?).

(4) On sait que le Dauphin, prince brave et honnête, était resté plus de treize heures à cheval à la bataille de Fontenoy.

... Le 30, il (1) joignit l'armée au camp de l'abbaye du Parc, près de Louvain.

Ledit jour, toute l'armée partit à minuit pour aller à *Valhem,* où elle arriva le 1ᵉʳ aoust, à deux heures du matin.

Le 2, la garnison de Charleroi arbora le drapeau et se rendit prisonnière de guerre.

Le 4, notre armée fit un mouvement sur sa droite pour s'approcher de celle du prince de Conty, qui en fit aussi un sur sa gauche, afin d'être à portée de se donner la main en cas de besoin, les ennemis étant d'un costé de Gemblours et nous de l'autre à une portée de carabine. Le quartier général resta toujours à Valhem.

Le 14, nous eûmes ordre d'envoyer tous nos équipages.

Le 15, toute l'armée déboucha par la trouée des Cinq-Étoiles; l'avant-garde, dont nous étions, se porta au village de Perne, que l'on fit attaquer par des grenadiers qui en chassèrent quelques Pandours qui occupoient les cimetières. L'armée campa à Montemon. M le prince de Conty étant parti le 12 pour s'en retourner à Paris, son armée fut fondue dans celle de M. le mareschal le 16.

Le 17, nous fûmes camper dans la plaine de Ramily et le quartier général fut au Grand-Rozier. L'armée ennemie et la nôtre étoient en présence et n'avoient entre elles que la Méhaigne, petite rivière, surtout en cet endroit.

Le 19, nous vinmes au camp de Villers en costoyant, ainsi que les ennemis, chacun de notre costé, la Méhaigne; laquelle rivière les ennemis ayant fait passer à un corps de troupes fort considérable pour donner sur notre arrière-garde, nous y perdîmes 4 à 500 hommes et eux à peu près le même nombre. Tous ces différents mouvements n'ayant pour objet que de faire abandonner aux ennemis le camp qu'ils occupoient et de les faire repasser la Meuze, ne pouvant pas, sans cela, faire le siège de Namur. M. le mareschal envoya M. de Lowendal avec plusieurs brigades attaquer Huy, ville à cheval sur la Meuze, de laquelle il se rendit maistre le 21; ce qui, ayant ôté aux ennemis la communication avec Liège et Maëstrick, rendit les vivres si courts dans leur armée, n'en pouvant plus tirer par la Meuze, qu'ils furent obligés d'abandonner leur camp, qui étoit vis-à-vis du nôtre, la Méhaigne entre deux, et de repasser la Meuze, comme M. le mareschal le désiroit. Ce qu'ayant fait la nuit du 28 au 29, notre seconde et troisième ligne passa la Méhaigne ledit jour 29 et campa dans la plaine d'Acoche ou de Bourdine et le quartier général à *Bref-Brif-But* (?).

(1) Le régiment.

Le 4 septembre, les troupes destinées pour faire le siège de Namur, aux ordres de M. le comte de Clermont-Prince, partirent pour en aller faire l'investiture.

Le 5, toute l'armée partit sur huit colonnes et fut camper à *Varem*.

Le 6, elle fut occuper le camp de Tongres, qui est une petite ville sur le Geer, dans l'évêché de Liège, dont elle est à trois lieues.

La nuit du 12 au 13, M. le comte de Clermont fit ouvrir la tranchée à Namur.

Le 15, M. le mareschal ayant appris que les ennemis passoient la Meuze à Maëstrick pour venir camper et appuyer leur droite à Lonakin et leur gauche aux hauteurs de Saint-Pierre, fit faire un mouvement à son armée le 17 pour appuyer sa droite à Tongres, où elle avoit sa gauche, et la gauche à Bilsen.

Les différents mouvements des ennemis ne permettant pas à M. le mareschal de douter que leur intention ne fût de l'attaquer, il donna ordre tout de suite que l'on retranchât le village de Tongrebergh et fit faire deux redoutes très spacieuses : l'une sur la droite dudit village, près du Geer et à demy-quart de lieue de Tongres, et l'autre sur la gauche, au coin d'un bois où le Demer prend sa source ; ce qui rendit dans un instant ce poste très redoutable, sa situation étant fort avantageuse : par là seulement les ennemis pouvoient nous attaquer.

Le 19, la garnison de Namur arbora le drapeau ; et n'ayant pas voulu se rendre prisonnière de guerre, elle entra dans les châteaux avec ses femmes, ses enfants et tout son équipage.

Le 20, toute notre armée fit un mouvement dans son camp pour occuper tous les postes par où les ennemis pouvoient nous inquiéter.

La nuit du 22 au 23, M. le comte de Clermont fit ouvrir la tranchée au château de Namur.

Le 29, après midy, le commandant fit arborer le drapeau et se rendit prisonnier de guerre avec toute sa garnison, consistant en treize bataillons Hollandois... Nous ne perdîmes à ces deux sièges que fort peu de monde, au moins pour des sièges de cette conséquence. Le fort de la Bicoque, qui coûta tant à Louis XIV, en 1692, ne nous coûta presque rien.

La nuit du 6 au 7 octobre, des ennemis ayant abandonné leur camp pour aller entre Liège et Maëstrick, M. le mareschal fit battre la générale le 7, à neuf heures du matin, l'assemblée et le drapeau tout de suite, et fit mettre l'armée en bataille devant son camp. Les troupes du camp volant, avec quatre brigades d'infanterie de la droite et beaucoup de cavalerie et de canon, marchèrent dans le même temps pour harceler leur arrière-garde, et, leur ayant fait un feu d'artillerie des plus vifs, ils deurent perdre très considérablement. Toutes ses troupes rentrèrent le soir dans leur camp, ainsi que toute l'armée.

Le 8, l'armée fit un mouvement sur sa droite pour aller occuper le même camp dans lequel elle avoit déjà été sur la droite de Tongres.

Le 9, il y a eu ordre d'aller chercher au parc d'artillerie de la poudre, des balles et des pierres à feu ; et nous comptions que c'étoit pour renvoyer toutes les troupes dans leurs garnisons avec leurs cartouches garnies, d'autant plus que ce jour-là nous reçûmes nos ordres pour tirer les semestres. Mais, bien loin de le faire, le 10, nous passâmes le Geer sur dix-huit colonnes et fûmes camper à une lieue des ennemis, qui étoient entre Maëstrick et Liège, le long de la Meuze. Les officiers eurent ordre d'envoyer tous leurs équipages camper sous Tongres et de n'en mener aucun avec eux.

Rocoux. — Le 11, à la pointe du jour, nous marchâmes aux ennemis ; les droites et les gauches de notre armée arrivèrent à midy à la portée du canon, qui commença à tirer de part et d'autre et continua jusqu'à deux heures. La mousqueterie commença ensuite à notre droite, qui étoit commandée par M. le comte de Clermont-Prince et M. de Lowendal, qui, après avoir été repoussés plusieurs fois, forcèrent enfin le village de Ans, où les ennemis appuyoient leur gauche, composée de tous les Hollandois aux ordres de M. le prince de Waldeck ; après quoy les brigades d'Orléans, Beauvoisis, Monmorin, Royal et Auvergne, commandées par M. de Monbour, lieutenant-général [1], eurent ordre d'attaquer le village de Raucoux près duquel elle étoit en bataille il y avoit une heure, lequel village est sur la chaussée qui conduit de Tongres à Liège, vis-à-vis duquel étoit le centre de l'armée ennemie, composée

---

[1] « Jean-Hector de Fay, baron de La Tour, de Maubourg et en partie de Dunières, dans le Velai, Sr de Sainte-Ségolaine et autres terres etc..., né vers 1684, a été d'abord appelé marquis de La Tour-Maubourg, fait colonel du régiment de Ponthieu, 23 janvier 1707 ; inspecteur général d'infanterie, 15 mai 1718 ; brigadier, 1er février 1719 ; maréchal de camp, 20 février 1734 ; lieutenant-général, 1er mars 1738 ; nommé chevalier des Ordres, 1er janvier 1748 ; créé maréchal de France, 24 février 1757... » (Europe vivante et mourante, M. DCC. LIX.)

d'Anglois, Hanovriens et Hessois, qui étoit gardé par seize bataillons et quarante compagnies de grenadiers de ses troupes ; ce qui
n'empescha pas qu'il ne fût forcé dès la première attaque. Ils nous
abandonnèrent tout le canon qu'il y avoit et plusieurs drapeaux. Leur
droite, qui appuyoit au village de Juprelle et qui fut attaquée par
MM. de Clermont-Gallerande et de Mortagne, lieutenants-généraux,
fut aussi forcée, ce qui leur fit prendre le parti de se retirer et de
nous abandonner le champ de bataille avec beaucoup de canons et de
blessés. La nuit, qui vint malheureusement trop tost, nous empescha
de leur tuer, blesser ou faire prisonniers une aussi grande quantité de monde que ce que nous aurions fait si le jour avoit eu deux
heures de plus, et de remporter une victoire aussi complète, et ils
en profitèrent pour repasser la Meuze, ce qu'ils firent fort en désordre (1). Ils perdirent à cette affaire autour de 5,000 hommes
tués ou blessés et 4 de prisonniers, et notre perte fut de trois à
quatre que perdirent trente et quelques bataillons qui donnèrent
et deux régiments de cavalerie de la droite. Les autres troupes
n'ayant perdu que quelques hommes par des boulets perdus. Le
régiment y eut 163 soldats de tués ou blessés d'autour de 400 que
nous avions, et 12 officiers, dont un capitaine et un lieutenant, restèrent sur le champ de bataille ; un autre mourut deux heures après,
et deux capitaines huit et vingt jours après aussi de leurs blessures.

Après la bataille, les blessés furent transportés dans le village
de Varoux, où ils passèrent la nuit fort mal à leur aise, et le lendemain à Tongres, dans l'hôpital Saint-Jacques. Je fis porter

_____

(1) « ... Il n'est pas douteux que, si l'on eût eu deux heures de jour
de plus, l'armée des Alliés n'eût été entièrement détruite. La bataille
même n'avoit été donnée que dans cette confiance ; mais des incidens
singuliers fixèrent les avantages auxquels nous devions nous attendre.

« Une partie de l'armée alliée se retira dans le camp des Romains,
sur la Montagne Saint-Pierre ; le reste passa la Meuse pendant la
nuit, dans la plus grande confusion ; les ponts même cassèrent et la
plupart de leurs blessés, qui étoient sur des chariots, se noièrent...

« M. le maréchal fit partir tout de suite MM. d'Armantières et d'Espagnac pour porter au Roi la nouvelle de cette victoire. Les ennemis
perdirent dans cette bataille 7,000 hommes tués ou blessés et 3,000
prisonniers, 50 pièces de canon et 10 drapeaux. Notre perte, suivant
les états remis par les majors des corps, n'alloit pas à 3,000 hommes
tant tués que blessés. Nous n'y avons perdu d'officiers de marque que
M. de Fénelon, lieutenant-général, blessé à mort d'une grappe de
raisin à l'attaque du village de Varoux... » *(Mémoires pour servir à
l'Histoire de l'Europe.)*

Jaurezat (?) sur un brancard, ayant la cuisse droite cassée dans la partie supérieure et un coup dans le pied gauche. Chauverat y vint dans un chariot, son coup étant dans l'épaule, et moi à cheval, quoique blessé à la jambe gauche.

Ledit jour 12 octobre, toute l'armée fut reprendre son camp sur la droite de Tongres.

Le 14, l'armée commença à se séparer.

Le 18, tous les blessés de l'hôpital qui étoient en état d'être transportés dans des caissons en partirent pour Louvain et Bruxelles ; Chauverat fut du nombre. Comme on n'avoit point pris de mesures devant la bataille pour avoir tout ce qu'il faudrait pour les blessés, ils furent mal à Tongres.

Le 20, le régiment ainsi que tout le reste de l'armée estant parti de Tongres, je partis aussi dudit hôpital Saint-Jacques, quoique ma blessure ne fût point guérie ni mesme commencée à le faire...

Le 24, le régiment avec celui de Dauphin-Infanterie, Berry-Cavalerie et les cuirassiers couchèrent à Malines.

Le 25, à Anvers, où nous restâmes en garnison.

Quelques jours après notre arrivée, ayant receu nos ordres pour la levée de notre second bataillon, j'en partis le 19 décembre, quoique ma blessure ne fût point encore guérie, pour aller chez mon père lever ma compagnie, et ce jour-là je passai l'Escaut et couchai, à la Tête-de-Flandre, à l'*Étoile*.

. . . .

Le 24 avril, le premier bataillon en partit (d'Anvers, où il avait passé l'hiver) pour aller au siège de Hulst, qui fut pris dans peu de temps, ainsi que toute la Flandre hollandoise.

1747. — ... Le 22 juin, le Roi partit de Bruxelles pour aller à l'armée.

Lawfeld. — Le 2 juillet, nous avons gagné la bataille de Lawfeld (1), près de Tongres et de Maëstrick.

Les troupes, de part et d'autre, y ont fait des prodiges de valeur ; mais nous gagnâmes le champ de bataille et obligeâmes les ennemis à repasser la Meuze. La perte fut à peu près égale des deux costés et aux environs de 5 à 6,000 hommes de chaque costé. Les officiers généraux que nous y perdîmes furent MM. le

_____

(1) Le manuscrit porte : « L'hoesfelt ».

comte de Bavière et marquis de Froulai (1). Notre armée étoit commandée par le Roi, ayant sous lui M. le comte de Saxe, mareschal de France; celle des ennemis par MM. le duc de Cumberland, Batiani et prince de Waldeck : le premier commandoit les Anglois et Hanovriens, le second les Autrichiens et le dernier les Hollandois.

Le 14 juillet, M. de Lowendal a investi Berg-Op-Zoom.

Le 16 septembre, cette place a été prise d'assaut, lequel nous a coûté peu de monde, et la place, en tout, autour de 6,000 hommes tués ou blessés. On y a fait 2,000 prisonniers, tué beaucoup de monde et donné la ville au pillage. Le Roi a envoyé à M. de Lowendal le bâton de mareschal de France, d'abord qu'il a sçu la prise de cette place.

Notre premier bataillon étoit de ce siège et y a perdu autour de 80 soldats et eut 4 officiers blessés.

Le 23 octobre, notre second bataillon, qui avoit passé son été à Bruxelles, eut ordre de partir le 24 pour aller coucher à Dendermonde; le 25 à Anvers, pour y rester en garnison, où il joignit le premier bataillon, qui y étoit depuis quelques jours. Nous y passâmes notre yver et fûmes très fatigués par les fréquentes escortes qu'il falloit pour les convois de Berg-Op-Zoom, que l'on faisoit plusieurs fois la semaine par le temps le plus affreux; ce qui nous occasionna la perte de beaucoup de soldats et beaucoup de maladies. Berg-Op-Zoom est situé sur l'Escaut, à huit lieues d'Anvers.

1748. — Le 6ᵉ avril, nous reçûmes nos ordres pour partir d'Anvers le 7; ce que nous fîmes et vînmes coucher à Malines, distante de trois petites lieues.

... Le 13 dudit mois d'avril, notre armée, aux ordres de MM. les maréchaux de Saxe et de Lowendal, investit Maëstricht.

(1) « ... De l'aveu d'un officier Anglois qui a donné l'état des troupes à M. le chevalier d'Espagnac..., les alliés avoient ce jour-là dix bataillons de plus que les François. La perte a été évaluée à 6,000 hommes tant tués que blessés, et celle des ennemis à 10,000, parmi lesquels 800 prisonniers, dont plusieurs de distinction, entre autres M. de Ligonier, M. d'Isembourg, milord Robert Sewton et le fils de milord d'Albemarle. Du côté des François, M. le comte de Bavière, lieutenant-général; M. le marquis de Froulay, maréchal de camp; MM. Marquis et de Derlack, brigadiers, et MM. d'Antichamp, d'*Aubeterre* et de Dillon, colonels, furent du nombre des morts... » (*Mémoires pour servir à l'Histoire de l'Europe.*)

... Le 30 dudit mois, les préliminaires de la paix furent signés à Aix-la-Chapelle entre la France, l'Angleterre et la Hollande, et le feu discontinua de part et d'autre à Maëstricht.

Le 3 ou le 4 mai, les ennemis sortirent de cette place avec tous les honneurs de la guerre et nous la livrèrent en otage jusqu'à la conclusion de la paix.

Le 11 dudit mois de mai, on publia à la tête des troupes une suspension d'armes entre les deux armées des Païs-Bas, et l'on travailla au cantonnement de toutes les troupes. Le régiment ayant été destiné pour retourner à Anvers partit de [lacune] le 15...

Cette dite année 1748, la Cour n'a point accordé de semestres aux officiers et même très difficilement quelques congés par bataillon ou régiment. Et après en avoir sollicité un pendant très longtemps. l'ayant enfin obtenu, je partis du régiment, que je laissai à Dunkerque le 22ᵉ janvier 1749, et m'en vins à Luchet par ma route ordinaire, à l'exception de celle du Mantelan (1), où je ne pus pas passer à cause des mauvais chemins et débordements des eaux, et y arrivai le 11 février et y restai jusqu'au 14ᵉ avril 1750, toujours par congé...

....

1755. — Le régiment ayant été destiné pour être du nombre de ceux qui devoient former le camp de *Méric* pendant le mois de septembre, nous reçûmes nos ordres pour partir de Philippeville pour nous rendre audit camp; en conséquence, le 23ᵉ aoust, nous fûmes coucher à Barbançon, où le régiment campa afin d'être plus à même d'empescher la désertion, qui y étoit fort fréquente.

Le 24, nous fûmes à Maubeuge, où nous ne devions séjourner que le 25 ; mais la pluye qu'il faisoit depuis très longtemps ayant redoublé de force ce jour-là, cela obligea M. le prince de Soubise à donner un séjour de plus aux troupes.

Le 27, nous nous rendîmes au camp, ainsi que tous les régiments qui devoient le composer, consistant en seize bataillons, scavoir : le régiment de Lionnois, 2 b., et Quercy et Cambrésis, qui formoient la brigade de la droite; le régiment d'Eu et celui de Conty, celle de la gauche ; le régiment de Beauvoisis et Clare et Berwick-Irlandois, la seconde de la droite; le régiment de Saintonge et ceux de Nassau, la Dauphine et Saint-Germain, la seconde de la gauche. La cavalerie de la droite : les régiments Royal-

(1) Manthelan (Indre-et-Loire).

Étranger, Saint-Jal, Conty, Noailles, Grammont, Orléans ; cavalerie de la gauche : Condé, Bessons, Chabrillant, Montcalm,
Crussol, Dauphin-Étranger, Dragon, Royal et Caraman. Officiers
généraux commandant le camp : M. le prince de Soubise, général ;
M. du Mesnil, lieutenant-général ; M. le prince de Croy et M. du
Barail, maréchaux de camp ; M. de Blair de Boismont, intendant
de Valenciennes, intendant du camp.

Le 28, les troupes s'arrangèrent dans le camp, aplanirent le
devant des faisceaux, firent des alignements et des communications
où elles étoient nécessaires.

Le 29, il y eut une revue générale.

Le 30 et le 31, les troupes s'exercèrent devant leur camp.

La pluye ayant recommencé le 31 au soir plus fort que jamais
et continué le 1ᵉʳ, les 2 et 3 septembre avec un très grand vent,
le camp se trouva couvert d'eau et les soldats et cavaliers entièrement mouillés dans leurs tentes, ce qui obligea M. le prince de
Soubise de faire cantonner les troupes dans les villes et villages à
portée, le 3 dudit mois. Le régiment fut à Landrecies, qui nous
étoit destiné pour garnison.

1756. — ... Le régiment est parti de Landrecies, ainsi que les
compagnies nouvelles qui l'y avoient joint, le 12 mars 1756, pour
aller à Bayeux, en Basse-Normandie, où il est arrivé le 31...

Le 9 juillet, le régiment est parti de Bayeux pour aller camper
au camp de la Hougue (1)...

Nous sommes restés au camp jusqu'au 14 de septembre, aux
ordres de M. le marquis de Lageac. Pendant tout ce temps, on a
embarqué une et deux fois par semaine six ou huit compagnies de
chasque régiment qui alloient à trois et quatre lieues en mer (mais

(1) La Hogue ou La Hague. — En 1757, le 9 avril, M. le comte de
Saint-Florentin, ministre d'État, annonce, par lettre au maire d'Angoulême, que le Roi enverra 600 prisonniers anglais au château de
cette ville et lui ordonne de mettre une garde d'un sergent et de
quinze hommes de la milice bourgeoise pour y renforcer la compagnie
d'invalides.

Le 29 juin suivant, le même ministre règle que les habitants d'Angoulême qui montent la garde au château peuvent y apporter deux
bouteilles de vin par jour pour leur consommation sans payer les
droits d'aide. Il dit que les bourgeois avoient cherché à s'exempter de
ce service en faisant monter leurs gardes par des invalides, à raison
de trente sols et deux bouteilles de vin par garde, ce qui est contraire
à ses ordres. (Archives communales d'Angoulême, AA, 11.)

un peu sur la coste crainte des Anglois), et cela pour habituer les soldats à l'air de la mer et je crois pour tenir les Anglois en échec; tous les camps sur ces côtes de Picardie, Normandie et Bretagne en ayant fait autant. D'ailleurs, nous avons fait de très fréquens exercices. Pour moi, je suis arrivé malade à la Hougue et l'ai toujours été jusqu'au départ du régiment; j'ai même été plus de quinze jours à toute extrémité.

Le 13 septembre, quoique je fusse encore extrêmement faible, je partis à une heure du matin du village de Quédou, où étoit le quartier général et où j'avois été transporté du camp et toujours resté pendant ma maladie...

....

1757. — Le régiment ayant été destiné à faire partie de l'armée que devoit commander M. le prince de Soubise en Allemagne, nous reçûmes, en conséquence, des ordres dudit jour 7 juin pour partir de Dieppe le 17...

RosBach. — Le 1er novembre, campé près de Weissenfels; le 2 près de Mersbourg, où l'armée se rassembla; la nuit du 3 au 4, l'armée resta en bataille et changea de position; le 4, à la pointe du jour, le Roi de Prusse déboucha pour venir nous attaquer et se retira après avoir reconnu notre position; la nuit du 4 au 5, nous couchâmes au bivac dans des bois; le 5, nous marchâmes pour attaquer le Roi de Prusse et perdîmes la bataille de Rosbach. L'armée se retira pendant la nuit du 5 au 6 sur Fribourg, où elle passa l'Unstrutt et dont on brûla le pont le 6; elle marcha ensuite par différents chemins pour se rendre à Nordhausen, où le régiment arriva et cantonna le 9...

1758. — Le 26 septembre à Cassel.

Les ennemis, commandés par le général Auberg, faisant mine de vouloir nous attaquer, nous nous retranchâmes dans notre camp, et beaucoup de piquets de chaque régiment y furent employés pendant plusieurs jours. Le 9 octobre, campé à *Betenhausen*. M. de Chevert joignit notre armée avec un secours de 20,000 hommes. Le 10, l'armée marcha aux ennemis, qui se retiroient, et gagna la bataille de Lützelberg et coucha au bivac. Le 11, le régiment cantonna à Lützelberg, village...

Le 3 décembre, le régiment est arrivé à Offenbach, où il est resté en quartier.

1759. — Le 1er janvier 1759, le second bataillon en partit, et le premier le 2, pour l'expédition sur Francfort, qui ne souffrit aucune difficulté. Le régiment rentra dans son quartier, à Offenbach, le 3 dudit mois de janvier.

M. le mareschal de Broglie, qui n'étoit pour lors que lieutenant-général, ayant appris que M. le prince Ferdinand étoit en mouvement, avoit disposé toutes les troupes de façon à pouvoir les rassembler dans deux fois vingt-quatre heures; ce qu'il fit le 11 et le 12 avril, sur l'avis que M. le prince Ferdinand marchoit sur Francfort. Le régiment partit d'Offenbach ledit jour 12 avril et passa la nuit au bivac, sur les hauteurs du village de Bergen, ainsi que toute l'armée.

Le 13, jour du vendredi saint, le prince Ferdinand nous attaqua et perdit la bataille de Bergen. Nous passâmes la nuit au bivac et campâmes le 14 sur la hauteur du village de Bergen.

Le 19, le régiment en partit, ainsi que les troupes qui y étoient restées, et vint dans son même quartier à Offenbach. Le régiment ayant été destiné à rentrer en France et M. le duc de Broglie n'ayant pu obtenir de le garder à son armée, nous eûmes ordre de partir d'Offenbach, ce que nous fîmes le 12 du mois de may pour aller loger à Oberoden, village...

. . . .

1761. — Le régiment avoit reçu ordre dans la fin de février de faire des équipages, étant destiné à être du nombre de ceux qui devoient composer l'armée de Soubise, et de partir de Dinan le 9 mars pour se rendre à Valenciennes, où il recevroit de nouveaux ordres. Il partit effectivement ledit jour 9 mars et fut coucher à Hédé, le 10 à Rennes, où il reçut les ordres qui lui annoncèrent qu'il n'étoit plus destiné pour aller à l'armée de Soubise et en même temps une route pour se rendre à Caen...

Le régiment paroissoit devoir rester toute la campagne en Normandie, mais les entreprises que les Anglois paroissoient vouloir faire sur Belle-Isle et qu'ils exécutèrent ayant obligé de faire repasser des troupes en Basse-Bretagne, le régiment reçut ordre d'y retourner, et, en conséquence, le premier bataillon partit de Caen le 15 avril et fut coucher à Évreux..., le 26 avril à Dinan et y resta.

Le 17 juillet, le régiment reçut ordre de M. d'Aiguillon de partir de Dinan le 19...; le 23, de nouveaux ordres de M. le duc d'Aiguillon, joints à d'autres de la Cour, pour aller au Havre, en Haute-Normandie..., où les deux bataillons sont restez.

Voici une autre relation de la bataille de Fontenoy comprenant deux petits feuillets trouvés dans le carnet du chevalier de Luchet, mais dont il ne paraît pas être l'auteur ; elle est donnée ici à titre de document complémentaire. Dans le cas où elle ne serait pas inédite, on accepterait volontiers la réimpression de ce récit mouvementé, d'un intérêt certain et d'une allure bien Française.

RELATION DE LA BATAILLE DE FONTENOY DONNÉE LE 11e MAY 1745.

Nous avancions avec succès le siège de Tournay, lorsque les alliés, après s'être assemblés au nombre d'environ quatre-vingt mille hommes, ont creu qu'en venant à nous ils s'oposeroient à notre besogne ; en conséquence, depuis le premier du mois ils ont fait de mouvements pour venir à nous livrer bataille. Le 6, ils vinrent camper à Luze et obligèrent M. du Chaila, lieutenant-général, qui comendoit vingt escadrons et le régiment de Grassen, de se retirer ; notre brigade marcha aux ordres de M. de La Vauguion, avec quatre pièces de canon, pour aller favoriser sa retraite. Le 7e, l'on envoya tous les gros et menus équipages en delà de l'Escaut. Le 8, notre brigade marcha à Fontenoy avec ordre de s'y retrancher ; ce qui feut exécuté avec un succès si heureux que c'est à ce même retranchement qu'on est en partie redevable de la victoire complète que le Roy a remportée sur les alliés. Le 9, le régiment de Grassen abandonna le bois de Barry, et le village de Vaison étant repoussé par l'avant-garde de l'armée ennemie, nous aperçûmes pour lors leur colonne. Leur droite appuiée au bois de Barry, leur gauche à l'Escaut, aïant le village de Vaison devant eux dans le centre. Cette journée ainsy que la suivante se passèrent de part et d'autre à l'arrivée des troupes, à la reconnoissance du païs et tout ce qui est nécessaire pour l'attaque et la deffence des deux armées qui en veulent venir aux mains. Le Roy, M. le Dauphin et toute la Cour, qui étoit arrivée devant Tournay le 9, vinrent le 10 reconnoître le terrain qu'aprirent les armées.

Le Roy coucha cette nuit sur une peau, dans un village de Calone ; le mareschal de Saxe dans sa calaiche, au centre de notre première ligne. Tous les officiers généraux se rendirent à leurs divisions ; les deux armées couchèrent au bivak. Nous appuions notre droite au village d'Entring, notre gauche au bois de Barry. Derrière nous étoient, en réserve, la maison du Roy, les carabiniers et quelques escadrons.

Le 11, à cinq heures du matin, l'artillerie se fit entendre sans s'incomoder beaucoup. Insensiblement toute l'armée ennemie se fit voir, roulant devant elle son artillerie. Ce fut alors que nous ressentimes les effets du canon, dont le feu augmenta toujours jusqu'à neuf heures. L'ennemy fit de la meilleure grâce du monde, sur les neuf heures et demie, plusieurs évolutions, roulant toujours son artillerie devant luy. Ayant enfin résolu d'attaquer notre gauche en colonne, ils formèrent celle que nous appelons de Faulard (1), qui est un carré plain et long. Dans cet ordre, ils marchèrent d'une contenance digne de la fièreté angloise. C'étoit eux-mêmes qui formoient cette attaque avec quelques troupes de la raine d'Hongrie.

Cette colone étoit soutenue par toute la cavalerie englese, la maison du Roy d'Engleterre à la tête ; le duc de Comberlan et M. de Conigzet comendoit.

Conjointement cette troupe marcha droit à la gauche du village de Fontenoy. Étant à portée de nos retranchements, l'ennemy nous fit une décharge infructueuse. Le régiment de Beauvoisis et le troisième bataillon de Dauphin, qui étoit à la gauche du retranchement, leur en rendirent une si parfaitement à plomb que la terre fut couverte de morts et de blessés. Le feu leur fit diriger leur marche à la brigade de gardes-françoises qu'au premier choc furent un peu mis en désordre ; les gardes-suisses s'en sentirent ébranlés, ainsi que quelque autre régiment de la même nation. Cette troupe donna cœur et ventre à l'ennemy, auquel on opposa les brigades du Roy, de Royal, de Vaisseaux et d'Aubeterre, qui essuièrent pendant un temps un choc si affreux qu'aiant été obligés de se retirer pour se

(1) Du nom du chevalier de Folard, célèbre tacticien, fort à la mode en ce temps-là.

rallier, on leur en substitua d'autres qui subirent presque le même sort. Nous gardions beaucoup de terrain; l'on en rendit comte au Roy. On pensa sérieusement à la retraite et au party que l'on prendroit pour mettre la personne du Roy et de M. le Dauphin en sûreté, lorsque le Roy demanda si le retranchement de Fontenoy étoit forcé. Luy aiant dit que non, il donna ses ordres avec beaucoup de fermeté et de tranquilité pour continuer le combat. La réserve marcha; elle trouva la brigade de la Couronne et des Irlandois pelle et melle avec l'ennemy; ils chargèrent ensemble vigoureusement quelques escadrons des gardes du corps. Quelques brigades de cavalerie furent obligées de se retirer pour se rallier; mais, revenant à toute bride, ils trouvèrent l'ennemy qui se retiroit à son tour vers le bois de Barry. On le vit se rallier; on ne douta pas que ça ne feut pour revenir à la charge; mais, au contraire, ils abandonnèrent le champ de bataille, leurs canons et les blessés.

Les Irlandois formoient leur aile gauche aux ordres du prince de Waldeck; ils embrassoient nos retranchements et n'osèrent les attaquer de vive force; leur mousqueterie, leur canon et une grosse quantité de bombes qu'ils nous jettoient nous incomodoient beaucoup. Nous leur répondimes le mieux que nous peumes, et notre contenence les taint dans un tel respect, lors même que la victoire sembloit favoriser leur droite, qu'aussitôt qu'elle plia nous les vimes fuir avec tant de précipitation qu'abandonnant, comme les autres, le champ de bataille, leurs blessés, leurs canons et leurs mortiers, ils jettoient encore leurs fusils pour s'enfuir plus vite.

Nous vîmes fuir devant nous près de 80,000 hommes qui, l'instant devant, nous avoient donné bien du souci. L'ennemy ne s'arêta pas dans son camp; il y mit le feu en prenant des routes différentes, fit sa retraite sous Ath.

M. d'Estrées fut détaché pour les suivre avec des hussards, des dragons et des grenadiers.

Nous leur avons pris 47 pièces de canon et 6 mortiers, environ 500 chariots couverts et beaucoup de fusils. Leur perte se monte à près de 15,000 hommes tant tués que blessés et prisonniers. La route de leur retraite se connoissoit par la quantité de morts et de blessés dont le chemin étoit couvert. Notre perte est d'environ 5,000 hommes tant tués que blessés, parmy lesquels sont 537 officiers.

Le Roy, M. le Dauphin et toute la Cour firent le tour des retranchemens de Fontenoy; ils comblèrent de louanges M. le comte de La Vauguion, qui avoit eu le comendement de ce poste, et dirent des choses très obligeantes à toute la brigade; ils traversèrent le champ de bataille et virent d'un œil aussy tranquille que majestueux l'affreux débris d'une bataille aussy sanglante. Les cris de joye de notre armée redoubloient ; le monarque y répondoit par des louanges infinies à toutes les troupes.

Cette affaire, qui est aussy heureuse que glorieuse pour le Roy et pour l'État, a jetté les alliés dans une division dont les suittes pourroient bien nous être avantageuses, et c'est ce que nous espérons.

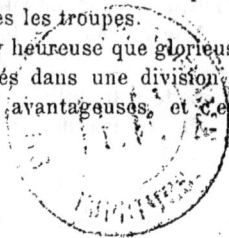

www.ingramcontent.com/pod-product-compliance
Lightning Source LLC
Chambersburg PA
CBHW060748280326
41934CB00010B/2405